AF503992

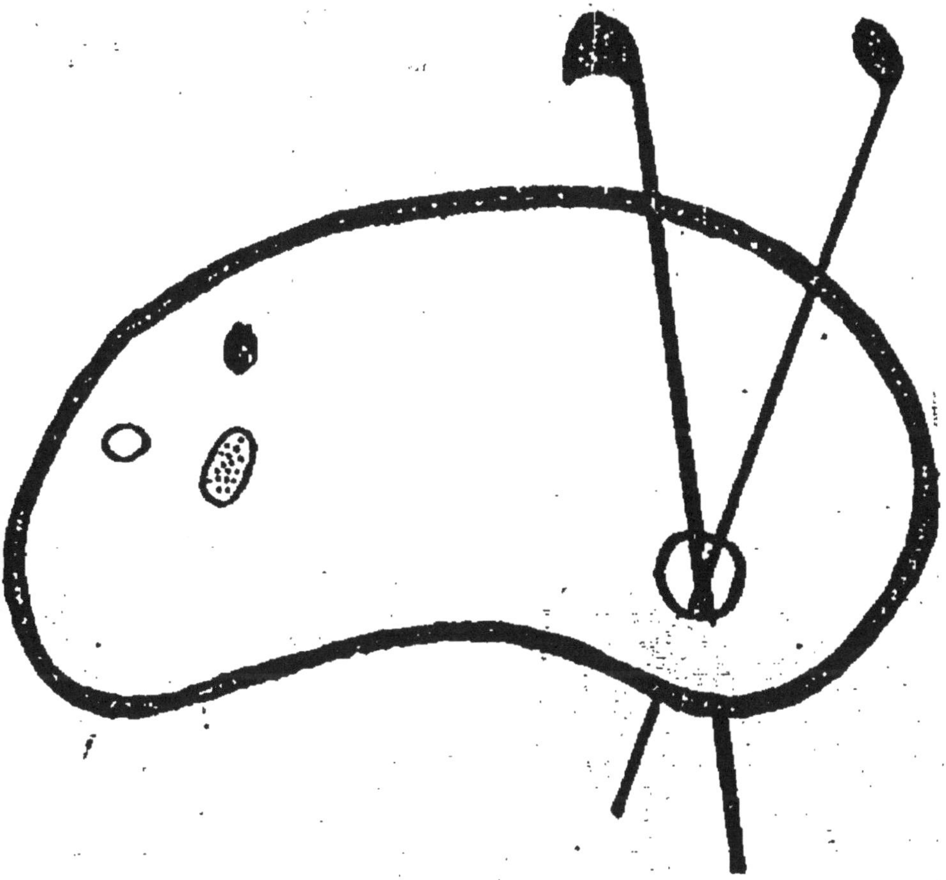

DEBUT D'UNE SERIE DE DOCUMENTS
EN COULEUR

# RELATION
# DE L'INCENDIE
## DE LIMOGES

### 15 ET 16 AOUT 1864

## LIMOGES

### CHAPOULAUD FRÈRES, ÉDITEURS
Rue Montant-Manigne, 7.

1864

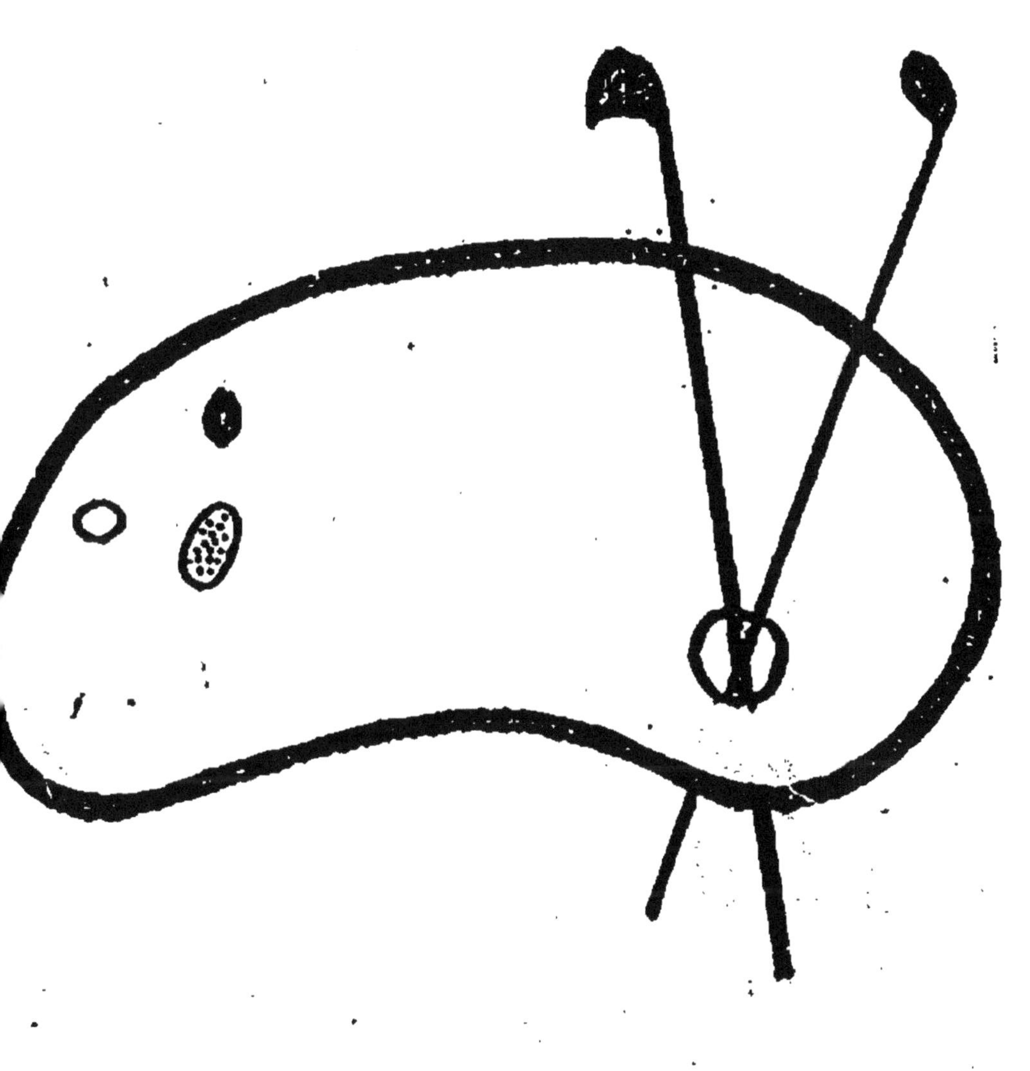


FIN D'UNE SERIE DE DOCUMENTS
EN COULEUR

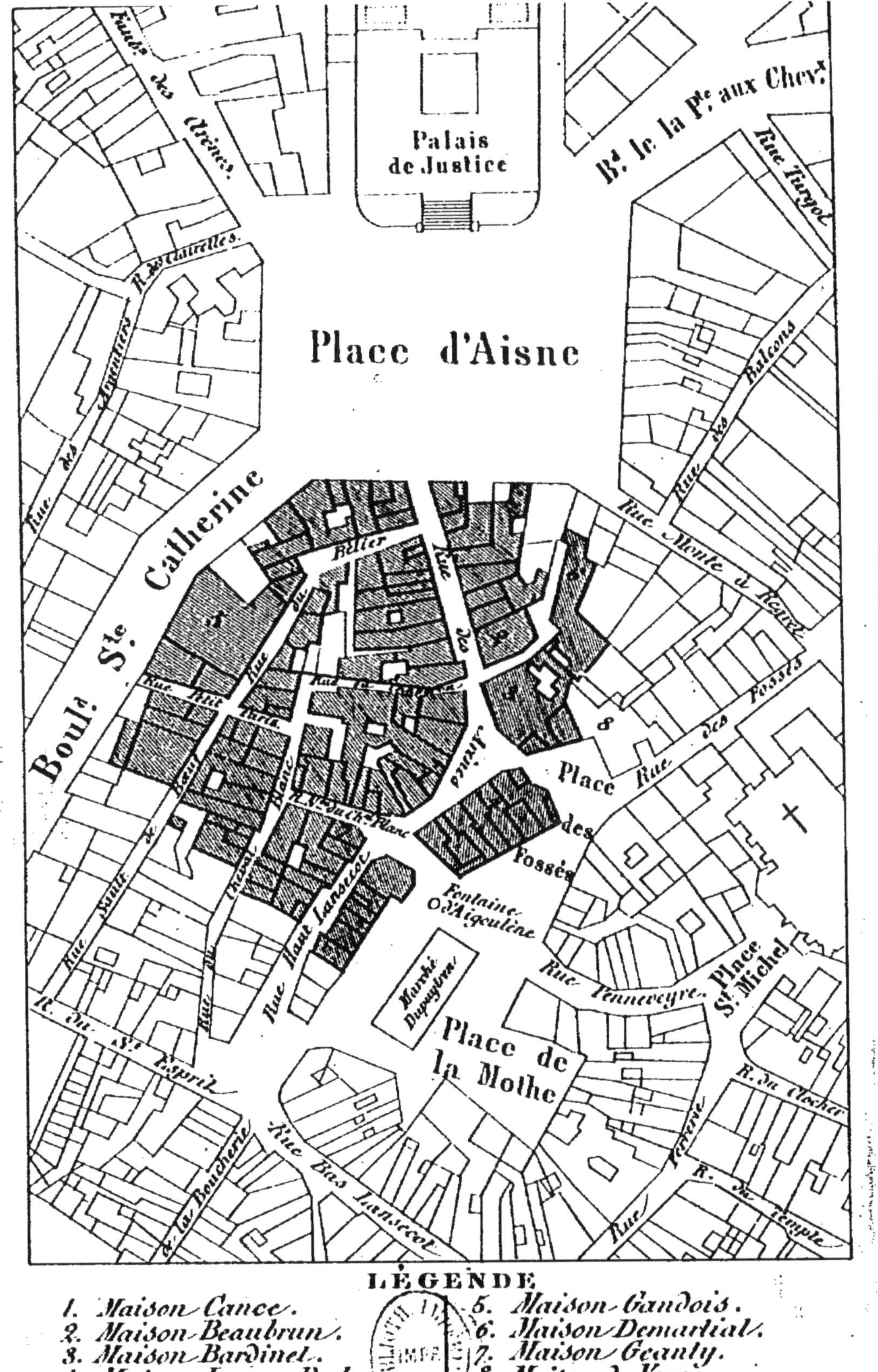


LÉGENDE

1. Maison Cance.
2. Maison Beaubrun.
3. Maison Bardinet.
4. Maison Larue-Dubarry.
5. Maison Gandois.
6. Maison Demartial.
7. Maison Geanty.
8. Maison de Voyon.

# RELATION

# DE L'INCENDIE

## DE LIMOGES

# RELATION

# DE L'INCENDIE

## DE LIMOGES

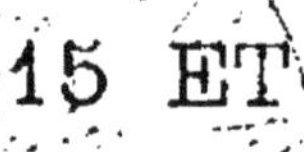

## 15 ET 16 AOUT 1864

..... Ignis edax summa ad fastigia vento
Volvitur; exsuperant flammæ.....

(VIRGILE, *Enéide*, l. II, v. 758.)

——————

## LIMOGES

**CHAPOULAUD FRÈRES, ÉDITEURS**
Rue Montant-Manigne, 7

——

**1864**

# PRÉFACE.

———

En plusieurs sens et à plusieurs points
de vue il est utile de perpétuer par des
relations le souvenir des grands désastres. Il y a toujours quelque profit à
tirer des évènements : le malheur est un
maître un peu rude; mais ses ensei-
gnements sont salutaires. Le fatal incendie du 15 août a certainement appris
à chacun de nous quelque chose. Il ne
nous appartient en aucune manière de
traduire de si hautes leçons; tout au plus
aurions-nous comme un autre le droit

d'en profiter. Nous avons traversé les ruines de nos habitations, et ces ruines encore fumantes nous ont crié que *l'homme n'a point ici-bas de demeure permanente !*

Lors de l'incendie, nous étions bien loin de nous croire destiné à en écrire la relation. Depuis, en nous laissant imposer une tâche si difficile, nous avons certainement méconnu nos forces. Pour décrire de tels faits et de telles émotions, pour toucher à tant et à de si graves intérêts, il fallait une autorité et un talent que nous n'avons pas. Beaucoup de temps d'ailleurs s'était écoulé : l'opportunité avait fui, et nous étions exposé à l'inconvénient d'une publication tardive, sans échapper à l'inconvénient plus grave d'un travail précipité.

L'opuscule se divise en deux parties :

*Partie historique* et *Partie anecdotique.* Cette division était nécessaire : c'était le seul moyen de mettre un peu d'ordre dans le récit.

Nous aurions voulu établir la chronologie exacte de l'incendie ; mais les horloges, dans la nuit du 15 au 16 août, semblent avoir oublié de marquer les heures. La critique nous tiendra compte de l'observation.

Les éloges contenus dans la relation n'auraient aucune valeur s'ils pouvaient paraître procéder de quelque intérêt particulier. Notre désintéressement et notre indépendance sont, Dieu merci ! complets. Le souvenir ou l'espérance d'aucune faveur ni aucun autre lien particulier ne nous placent sous la dépendance d'aucune des personnes nommées avec honneur dans ces pages. Si pas une noble action n'a été par nous sciemment et volontairement

laissée dans l'ombre, c'est que la justice
le voulait ainsi : c'était là d'ailleurs le seul
côté consolant de notre mission. Ah! s'il
ne se fût agi que de vérités cruelles,
notre main se fût séchée plutôt que de
les écrire.

Étudiés et contrôlés avec soin, les faits
sont exposés avec exactitude. Nous
avons voulu être vrai; et, si malgré
nous, à notre insu, quelque erreur s'é-
tait glissée sous notre plume; si, en des
points de quelque importance, nos récits
étaient trouvés fautifs, nous nous em-
presserions de les rectifier.

Nous ne signons point cet ouvrage :
lorsqu'on loue les personnes, il est, ce
nous semble, dans les bienséances de
s'effacer.

Étranger du reste par caractère et par

position, et aussi, hélas ! par notre âge, aux polémiques du moment, nous plaçons notre humble embarcation sous pavillon de paix. Que la vague lui soit clémente, et qu'un souffle heureux la conduise partout où une âme compatissante respire, partout où bat un cœur généreux !

# PARTIE HISTORIQUE

## I.

Le lundi 15 août 1864, jour de la fête
de l'Assomption, jour aussi de la fête de
l'Empereur, la population de Limoges, vers
sept heures du soir, affluait par toutes les
avenues au Champ-de-Juillet, où devait
se tirer le feu d'artifice.

Le matin, sous les voûtes de notre antique cathédrale, au bruit des tambours et

des fanfares, nos magistratures étaient
venues prier, et appeler sur la patrie les
bénédictions divines. Le soir, la procession
commémorative du vœu de Louis XIII
s'était faite avec pompe; l'image de l'au-
guste protectrice de la France avait par-
couru nos rues drapées et pavoisées,
parées de tapisseries, de fleurs, de guir-
landes et de verdure. Les dernières lueurs
du jour avaient été réservées aux fêtes
populaires, chères aussi à la religion :
chez les peuples chrétiens, les fêtes sont
un symbole de paix, et Dieu c'est la paix.
Déjà la foule roulait ses vagues pacifiques
dans les larges espaces du Champ-de-
Juillet. Le soleil, près de s'éteindre, en-
voyait à la ville ses derniers rayons; la
brise tempérait les feux d'une saison
presque tropicale. Peu à peu s'éteignirent
les lueurs crépusculaires; l'ombre se fit,
et l'orchestre jetait au vent du soir ses
dernières mélodies, lorsque les étoiles
parurent; astres toujours bienvenus, at-
tendus ce jour-là avec impatience, car
leur apparition devait être le signal du feu

d'artifice. Une première fusée illumine l'espace de ses rapides splendeurs, et, du haut des airs, jette à la foule son diadème de saphirs et d'émeraudes, ses joyaux de pourpre et d'or. Les merveilles de la pyrotechnie se succédaient, et la soirée allait finir au milieu des joies et des vivats. La scène changea tout à coup.

## II.

La ville de Limoges donnait il y a deux mois des fêtes en l'honneur de plusieurs sociétés d'orphéons, en tête desquels figuraient les orphéons de Lille et de Bordeaux. Pendant le feu d'artifice, la joie publique fut troublée : un incendie avait éclaté dans la partie haute de la ville. Par la plus étrange des coïncidences, un accident pareil allait couvrir de deuil la soirée du 15 août. A l'opposite du Champ-de-Juillet, aussi dans le haut de la ville, et à la distance d'environ un kilomètre, parut au-dessus des maisons une masse de fumée incandescente, et, après la fumée, une flamme, qui se balançait comme un panache au-dessus des habitations. Presque au même moment, les cris *Au feu !* résonnèrent à l'oreille des spectateurs. Quelque vive que puisse avoir été l'émotion, il est certain que nul, en ce premier moment, n'eut conscience de l'immensité du péril. Tant d'incendies depuis soixante ans avaient été réprimés ou étouffés ! Quelle raison de plus mal augurer de celui-ci ? Les spectateurs ne partagèrent pourtant pas tous cette fausse sécurité : les plus timides ou les mieux avisés se détachèrent de la scène des fêtes, et coururent à la scène des douleurs.

## III.

Avant de suivre le flot populaire, essayons de donner au lecteur une idée exacte des lieux où va se développer le terrible drame. A Limoges, les Romains avaient construit au haut de la ville un amphithéâtre, dont au XVII<sup>e</sup> siècle il existait encore des vestiges considérables, aujourd'hui disparus. C'est au bas de ces ruines fameuses que de nos jours a été construit le palais de justice, surélevé de dix ou douze gradins au-dessus de *l'area* de la place. Montons sous le péristyle : de là, comme d'un observatoire, nous découvrirons les lieux environnants. A nos pieds se déroule la place d'Aisne. Au fond de la place, en face de nous, et dans l'axe précisément du palais, s'ouvre la rue des Arènes, qui fuit en diagonale, et dont une courbe légère nous empêcherait d'ailleurs d'embrasser la profondeur. Sur le même front, et aux deux extrémités de la ligne, se laissent voir : à droite, la rue du boulevard Sainte-Catherine, voie spacieuse et belle ; à gauche, la rue Monte-à-Regret, rue de sinistre mémoire, qui pendant des siècles a été le dernier chemin du condamné à mort, *via scelesta !*

Ainsi devant nous se présentent trois rues, deux sur les côtés et une au milieu. Celle du milieu, ou des Arènes, devant être comme le centre du drame, il convient d'en donner une idée plus précise.

Cette rue, qui s'étend sur un plan légèrement incliné, et qui d'ailleurs, comme je l'ai dit, dessine à son extrémité une courbe légère, aboutit à un carrefour, ou plus exactement au point d'intersection de diverses petites rues étroites et sombres, bâties en bois, dont l'une, par une raide et courte rampe, conduit à la place de La Mothe, sur laquelle se voient la fontaine d'Aigoulène et le joli marché Dupuytren. De cette place à la rue de la Boucherie, bâtie aussi en bois, et toute pleine de matières inflammables, il n'y a qu'un pas.

## IV.

C'est à l'extrémité de la rue des Arènes, sur la pente, dans ce plexus de petites rues, à droite, et précisément du côté de la Boucherie, chez M. Cance, chapelier, que le feu fit sa première explosion. Il était environ huit heures et demie. Toute la ville était au Champ-de-Juillet. En d'autres circonstances, ces quartiers actifs et populeux eussent instantanément porté leur laborieuse et vaillante population sur le théâtre du sinistre. Malheureusement les habitations étaient alors désertes : il fallut du temps pour rassembler les personnes, et organiser les moyens de défense. Il y eut donc, au moins dans ce premier moment, manque de bras et de secours. Livré à lui-même, le feu fit de rapides progrès, et, lorsque quelque résistance fut possible, déjà le mal était grand.

## V.

Les activités intelligentes qui, avec empressement, vont se porter les premières au-devant du péril se trouveront en présence d'inexprimables difficultés. Bâti en bois, sillonné de rues étroites, couvert de maisons serrées et pressées, le quartier des Arènes était déjà comme brûlé par les ardeurs persistantes de la saison lorsque le feu s'y manifesta. Un vent de sud-ouest, une espèce de *siroco*, avait soufflé le matin avec une telle violence que la revue des troupes en avait été gênée et contrariée. Le vent se prolongeait dans la nuit, capricieux, mobile, variable, et prêtait à l'incendie, dans plusieurs directions à la fois, son formidable concours. C'est d'ailleurs à l'improviste, et au milieu d'une fête, que nous venions d'être surpris. Nous ressemblions à une armée frappée dans les ténèbres. Pour comble de maux, la sécheresse avait tari nos fontaines, et dissipé ainsi d'avance nos plus précieuses ressources.

## VI.

Mais il est temps de sortir des généralités. Nous avons promis une relation précise, véridique, rigoureusement exacte : l'heure est venue d'acquitter cette promesse. Des erreurs se sont accréditées ; de faux bruits ont circulé, et le public en général, même dans sa partie la plus éclairée, semble n'avoir connu l'évènement que d'une manière partielle et incomplète. L'injustice marche à la suite des faux bruits : c'est rendre service à tous que d'éclairer la conscience publique, et de rétablir les faits.

Nous sommes donc au bas de la rue des Arènes, devant la maison Cance, au principal centre d'action. Pour que le récit soit tout à fait intelligible, il faut reprendre les faits *ab ovo*.

Comme toutes celles de l'île dont elle faisait partie, la maison Cance était construite à pans de bois. Cette petite maison avait au rez-de-chaussée une boutique de chapellerie. Entre six et sept heures du soir, après dîner, M. Cance, disposé à se rendre au Champ-de-Juillet, où avaient lieu les fêtes publiques, pressait sa femme de hâter les derniers arrangements. Il ne restait qu'à éteindre le flambeau : M$^{me}$ Cance presse et enlève la mèche, la jette, et s'éloigne dans une complète sécurité.

La mèche n'était pas éteinte : une corbeille remplie de chapeaux de paille, posée par terre près du comptoir, et qui put échapper à l'attention distraite de M<sup>me</sup> Cance, reçoit l'étincelle imbibée de suif. L'atôme de feu s'attache à la paille, y accomplit obscurément son œuvre, et, loin de tout regard humain, semble attendre l'heure d'éclater.

Dans les premiers jours, l'opinion hésitante ne sut à quelle cause rattacher l'événement. L'œil morne et consterné devant nos ruines, nous pûmes dire comme Virgile :

Quæ tantum accenderit ignem
Causa latet (1).

Depuis, des enquêtes ont eu lieu ; la version que nous plaçons sous les yeux du lecteur en exprime le résultat. En pareil cas, recueillir et produire les conclusions officielles, c'est tout ce que peut l'historien.

Un marchand de vin voisin de M. Cance, M. Guinot, voulant savoir si le feu d'artifice

(1) La cause qui a allumé ce grand feu est cachée.

est commencé, sort, voit les fusées, et c'est
en rentrant qu'il aperçoit les premiers
signes de l'incendie. Ému, effrayé, ce particulier court au poste de la préfecture.
Les soldats de garde, soumis à des con-
signes rigoureuses, ne savent quel parti
prendre, et un temps précieux s'écoule.
Rebuté sur ce point, M. Guinot se
rend au poste de la division militaire,
voisin de celui de la préfecture. Mêmes
difficultés : M. le général de division et
M. le préfet assistent aux fêtes publiques,
et le soldat ne peut marcher qu'avec l'ordre des chefs. Déçu ainsi dans une double
tentative, et obligé de chercher secours
ailleurs, M. Guinot précipite ses pas, et
arrive au poste des sapeurs-pompiers. Sans
doute c'était par là qu'il eût fallu com-
mencer ; mais la distance des lieux
explique fort bien comment, dans l'émotion du premier moment, M. Guinot a
cherché les plus courts chemins. Ce fut un
malheur : en pareil cas, l'heure perdue
est irréparable, *irreparabile tempus!*

Les sieurs Sadry et Capiaux, sapeurs-pompiers, gardiens de service, étaient à leur poste. Ces gardiens - avertisseurs ne manquèrent ni d'exactitude ni de célérité. C'est au pas de course qu'ils arrivent au Champ-de-Juillet, où vingt des leurs étaient de service, et où M. Regnault, capitaine-commandant des pompiers, assistait aux fêtes avec les autorités.

Trois quarts d'heure au moins s'étaient écoulés lorsque le matériel des pompes, traîné par des hommes et des chevaux, fit son apparition dans la rue des Arènes.

## VII.

C'est le tort de tous les grands désastres de jeter des blâmes injustes sur ceux qui les ont le plus valeureusement combattus. Il est facile à la galerie irresponsable d'aggraver le fardeau des responsabilités. Le dévoûment a quelquefois d'étranges récompenses : ceux qui se dévouent le savent bien, et c'est leur honneur de passer outre !

Le concours de la compagnie des sapeurs-pompiers de Limoges ayant été diversement apprécié, disons, avant d'aller plus loin, un mot de cette compagnie.

## VIII.

Et d'abord, règle générale, la compagnie des sapeurs-pompiers, avertie à temps, éteint ou arrête tous les incendies. Cette proposition, qui peut paraître hasardée, emprunte d'une expérience de plus d'un demi-siècle la consécration de l'évidence. Laissons le passé : allons au plus proche. Depuis le 1er janvier 1864, période d'environ huit mois, la ville, chose étonnante ! a été le théâtre de vingt et un incendies et d'environ cent vingt-neuf feux de cheminée; en tout, cent quarante sinistres. Ainsi, dans cette ville marchande, populeuse, couverte de constructions en bois, regorgeant de matières inflammables, le feu, en huit mois, a été par nos pompiers CENT QUARANTE FOIS éteint ou circonscrit dans le cercle de son foyer. Honneur donc pour le passé! Voyons maintenant quelle va être l'attitude de la compagnie devant le grand désastre du 15 août 1864.

## IX.

Au moment où il quittait son logis pour appeler des secours, M. Guinot avait entendu l'explosion du gaz, et vu voler en éclats la devanture de la maison Cance. Sorti du milieu des pailles, alimenté par une gerbe de gaz de plus d'un mètre de diamètre, le feu se porta rapidément vers le toit par l'escalier, en négligeant les chambres des étages intermédiaires, dont les portes étaient fermées. Cette circonstance, qui en pareil cas se produit presque toujours, explique comment plusieurs personnes virent en même temps le feu dans le bas et dans le grenier de la maison.

Lorsque les premiers secours arrivèrent, le feu avait donc envahi la maison tout entière : la devanture et l'escalier n'existaient plus ; les chambres et la toiture étaient aux prises avec l'incendie.

Le tuyau qui vomissait le gaz en feu allait être fatal à la maison contiguë de gauche. M. Duclou du Theillol, directeur de l'usine à gaz, et ses agents furent immédiatement appelés. En attendant, M. Regnault, capitaine-commandant des pompiers, par les soins et sous la direction de MM. les commissaires de police, fit apporter et jeter avec rapidité des masses d'un fumier frais et humide sur le gaz; mais ces matières aqueuses séchaient avec une étrange promptitude, et s'enflammaient.

L'attaque de l'incendie se fit comme d'ordinaire. Des deux pompes arrivées les premières, l'une fut placée vis-à-vis, dans la maison de gauche ; ses jets étaient lancés sur les toits par des hommes postés dans le grenier et sur les hauteurs. La seconde, placée à droite, dans la maison contiguë, fonctionnait avec la même activité. Bientôt, sur la place de La Mothe, une troisième pompe, dont les tuyaux traversaient l'îlot de la maison Larue-

Dubarry, battit en brèche les flancs de la maison Cance. Les pompiers, moyennant cette triple manœuvre, furent maîtres du feu pendant trois quarts d'heure. Une longueur de toit de onze mètres courants qui déjà avait pris feu fut éteinte, et l'incendie du 15 août allait être vaincu comme tant d'autres, avec l'eau des tonneaux des pompiers, lorsque ces tonneaux, enlevés pour être remplis, commencèrent à ne plus revenir qu'à de rares intervalles.

## X.

L'incendie prit alors une marche plus rapide. Mais, suspendons un instant le récit; éloignons-nous de la maison Cance, et jetons un regard sur les rues environnantes.

Le 11e régiment de dragons se disposait à aborder le feu comme il eût abordé l'ennemi. La gendarmerie était à son poste. Les agents du service de sûreté étaient aussi accourus sur le théâtre du péril. Une extrême activité régnait dans les rues voisines de la maison Cance, et plus particulièrement dans celles qui se trouvaient placées sous le vent. Le feu, ainsi que nous venons de le dire ayant pris de soudains accroissements, ces rues, nous ne savons au juste à quelle heure, commencèrent à s'éclairer et à s'irradier d'une clarté funeste. Vers onze heures, d'un point très-propice pour bien observer, nous vîmes au-dessus du faîte des maisons l'incendie, comme un large fleuve, rouler ses vagues de feu sur les toitures, et précipiter son cours dans la direction de la Boucherie. Cette rue atteinte, il était impossible de prévoir où s'arrêterait le fléau. L'embrasement de ce quartier, tout rempli de matières combustibles, eût déterminé l'embrasement de la ville entière. L'imagination s'épouvantait à l'idée d'un pareil désastre. Nos bouchers en ce moment déployaient toutes leurs énergies contre le péril. Cette mâle et rude population, qui tient du peuple par ses habitudes, qui par son caractère participe de tous les sentiments élevés, et qu'un de nos préfets faisait naguère asseoir à sa table, se souvint que, en d'autres temps et en des circonstances précisément analogues, le Ciel l'avait protégée. A la prière donc des bouchers, un de nos plus dignes prêtres vint, dans leur petite église de Saint-Aurélien, exposer, vers minuit, à la vénération publique les reliques du saint Pontife dont l'église porte le nom.

Obscur et pauvre écrivain, je ramasse les faits sans m'ingérer dans les rapports mystérieux qui peut-être les unissent : j'ignore ce qui se passe entre l'âme qui prie et l'ange qui recueille la prière. Tout ce que je sais, c'est que, presque au même moment, le tourbillon changeait de direction, et portait je ne sais où ses rafales enflammées.

Chose remarquable! à Limoges, le quartier de la Boucherie, de tous le plus exposé au feu, est précisément le seul qui de temps immémorial n'ait été le théâtre d'aucun grand incendie. Dans le fatal embrasement de 1790, le feu s'arrêta devant l'extrémité de la rue qui avoisine le Poids-du-Roi, vers huit heures du matin, au moment où parut la châsse de Saint-Martial ; dans l'incendie du 15 août, le feu s'est arrêté à l'autre extrémité de la rue, vers minuit, à peu près au moment de l'exposition des saintes reliques.

## XI.

Tout près de la rue alors si menacée de la Boucherie, au coin de la rue Haut-Lansecot, le magasin de M. Geanty, armurier, inspirait à la foule les plus vives inquiétudes. Dans le premier moment, on crut avoir fait assez en transportant les poudres dans la cave voûtée de l'habitation. Mais un peu plus tard le feu envahissait les maisons voisines avec une affreuse rapidité : il fallut aviser. Mouiller les poudres ou les déplacer : de ces deux partis, seuls possibles, l'un fut avec une rare présence d'esprit rejeté comme insuffisant par M. Charles Le Sage, adjoint du maire, qui tout de suite, avec

Intelligence, embrassa le parti le plus salutaire, mais le plus périlleux. Couvertes de simples toiles, les poudres allaient être à la merci de la première étincelle venue, et précisément des flammèches tombaient de tous côtés. Sans hésitation, sans aucun signe d'embarras, le jeune magistrat donne des ordres qui sont exécutés à l'instant par l'officier de service, lieutenant de dragons. Quatre militaires et un brigadier pénètrent dans les caves, chargent sur leurs épaules quatre cents kilogrammes de poudres, et, sous la conduite de M. Le Sage, à travers les flammèches de l'incendie, transportent ce dangereux fardeau à la caserne de cavalerie. L'incident a été autrement raconté : la version que nous donnons est seule vraie : nous la tenons de source certaine.

Au milieu de la rue des Arènes, la maison Beaubrun contenait de vastes approvisionnements d'alcools. M. Othon Péconnet, maire de Limoges, à qui la population tout entière rend cette justice

qu'il a semblé se multiplier dans le péril,
se transporte en personne sur les lieux, et
donne l'ordre d'évacuer les caves. L'éva-
cuation se fit avec une rapidité extraor-
dinaire : les tonneaux furent en un
clin d'œil transportés et roulés au fond de
la place d'Aisne, devant l'hôtel Richelieu.
Restaient dans la cave trois foudres remplis
d'alcool : ces masses étaient d'un tel poids
et d'un tel volume qu'il fut impossible de
les déplacer. L'incendie eut ainsi ses magasins de réserve.

Non loin de la maison Beaubrun, dans
une rue voisine, les officines de M. Larue-
Dubarry, pharmacien, constituaient un
autre foyer de matières inflammables. Par
les soins de M. Larue et de ses amis, les
caves et les laboratoires furent débar-
rassés et vidés en un moment. Dans cette
maison, on a vu, au premier étage, au
milieu d'une chaleur intense, un soldat
du 49e de ligne, debout sur la fenêtre,
éponger pendant plusieurs heures les
poutres et les solives embrasées.

Dans toutes les rues, sur tous les points, les particuliers, femmes, enfants, vieillards, voyant venir le feu, s'arrachaient à leurs toits, et cherchaient à sauver quelques débris. Les meubles, fracassés, brisés, s'entassaient pêle-mêle sur la voie publique. Au même moment, vingt mille bras s'employaient avec une activité incomparable à tous les besoins du moment. Au milieu de ce tumulte, de ces angoisses, de ces épouvantements, la voix humaine, contractée et altérée, a pris quelque chose de sinistre.

## XII.

Cette armée de travailleurs réunissait tous les rangs, tous les âges, toutes les conditions. Les sapeurs-pompiers, les dragons, les soldats du dépôt du 49e de ligne, la gendarmerie, les agents du service de sûreté, les hommes d'équipe de la gare du chemin de fer, formaient comme le gros de la phalange. Au premier bruit du sinistre, cent cinquante ouvriers des fabriques de porcelaine de Solignac étaient accourus apportant un généreux et utile concours. Les auxiliaires fournis par la ville de Limoges appartenaient aux classes les plus diverses : toute la bourgeoisie, toute la magistrature, toute la classe ouvrière, étaient là. Le clergé n'y manquait pas non plus : d'autres l'ont dit. Écrites à la lueur de l'incendie, leurs pages éloquentes parlent mieux que les nôtres.

« Notre devoir, dit *le Courrier du Centre* (1), est de mentionner en première ligne le clergé de Saint-Michel, ou plutôt de toute la ville : prêtres, chanoines, oblats, frères des Écoles chrétiennes, toute la nuit faisant la chaîne, transportant et emplissant des tonneaux, suivant enfin l'exemple de leur vénérable chef Monseigneur Fruchaud, resté sur le théâtre de l'incendie jusqu'au moment où l'on eut la certitude d'être maître du feu. »

Ici quelques ecclésiastiques nommés ;

(1) Numéro du 18 août 1864.

« mais, ajoute l'historien, nous devrions les mentionner tous ».

Et un peu plus loin : « Disons encore que les frères des Écoles chrétiennes ont été, de l'avis commun, d'une activité et d'une ardeur admirables ».

Certes l'auteur de la narration n'a nul besoin de l'appui de notre témoignage ; mais, avec lui et comme lui, nous sommes heureux de rendre hommage à la vérité. On a vu des ecclésiastiques vénérés, affaiblis par la maladie, forts seulement par l'esprit et par le cœur, aider au sauvetage, former la chaîne, s'atteler aux pompes, et donner à tous l'exemple de la magnanimité. Monseigneur Pierre-Félix Fruchaud, évêque de Limoges, durant cette affreuse nuit, admirable comme toujours de bonté et de dévoûment, s'est trouvé partout où il y a eu un péril à prévenir, partout où il y a eu une larme à essuyer.

Parmi les travailleurs se faisaient remarquer de très-jeunes gens : des enfants de dix à quinze ans traînaient les pompes, et se montraient infatigables. La nature a quelquefois trahi leur courage : nous connaissons un de ces pauvres enfants qui depuis lutte contre une fièvre opiniâtre (1).

Mais revenons à la maison Cance, et suivons du regard les terribles péripéties que déjà quelques-unes de nos paroles ont fait pressentir.

## XIII.

Les sapeurs-pompiers maîtres du feu et près d'étouffer l'incendie dans son foyer, virent donc tout à coup les tonneaux s'attarder. Que faire avec des fontaines taries ? Hélas ! il était dit que nos efforts rencontreraient dans les éléments des obstacles insurmontables. Les flammes, long-temps contenues, profitèrent du ralentissement des pompes. Jusqu'alors emprisonnées dans la maison Cance, elles firent irruption, et, se précipitant avec fureur, balayèrent les deux postes de sapeurs-pompiers établis dans les greniers

(1) M. Paul Maupetit.

et sur les toits ; elles envahirent les espaces environnants, et en un clin d'œil eurent embrasé l'îlot tout entier. Les pompiers s'étaient repliés, de chaque côté, sur les toits des maisons voisines : le feu vint les y atteindre. Il fallut battre en retraite : la retraite fut une déroute. Les flammes s'avançaient poussées par un vent sec et violent, et l'agitation de l'air leur communiquait un ascendant irrésistible.

En quelques secondes, l'îlot fut enflammé : les greniers et les lucarnes s'illuminèrent. Vingt et une maisons, contenues dans l'île, brûlaient à la fois, lançant dans les airs des tourbillons de flammes d'huile, de sucre, de pétrole, d'esprit de vin, de bitume, de résine, et de mille matières entassées dans les magasins d'un quartier si commerçant.

Des efforts inouïs tendirent à concentrer les flammes dans cette vaste fournaise. On chercha à mettre à profit, pour le salut commun, les intervalles des petites rues intermittentes : tout fut inutile.

## XIV.

Il est minuit. Le calme et la sérénité des cieux forment avec notre situation le contraste le plus douloureux. La lune brille dans l'espace, et verse sur notre pauvre ville sa paisible lumière; mais, interceptés par le feu, les rayons de l'astre, ordinairement si purs et si doux, ne nous arrivent qu'au travers d'une clarté funeste.

Un grand peintre, Guido Reni je crois, a représenté les Heures se donnant la main, et dansant joyeuses autour du char du Soleil : c'étaient apparemment les Heures des jours prospères. Nous avons aussi rencontré les Heures, et, pour les peindre, il ne nous manquerait que le génie de l'artiste; mais cette fois les filles du Temps suivaient le char des Nuits tristes et mornes, à pas lents, l'œil baigné de pleurs.

Ce n'est plus la maison Cance, c'est la

rue des Arènes tout entière qui est embrasée. Les façades, en pans de bois, s'écroulent une à une ; elles vont, en tombant, s'abattre contre les façades opposées, et leur communiquent le feu. Les forces humaines sont dépassées : l'homme est vaincu. Il n'est plus possible d'approcher d'un tel foyer pour l'éteindre.

## XV.

Cette vaste conflagration de la rue des Arènes, favorisée par la force et la mobilité du vent, rayonnait dans toutes les directions. De deux à trois heures du matin, arrivé à son maximum d'intensité, le fléau était le maître partout, et notre malheureuse ville présentait un spectacle dont aucune parole humaine ne saurait donner d'idée. L'incendie sur tous les points débordait et chassait les travailleurs. Ainsi qu'on l'a vu, l'eau était devenue rare : cette disette, résultant de la sécheresse, de l'insuffisance du nombre des fontaines, et aussi, il faut bien le dire, de la difficulté qu'on eut à se procurer la clef d'un des principaux réservoirs, fut un des malheurs de notre situation. Les plus mâles courages parurent un moment abattus. Les travailleurs, rebutés de l'insuccès, las peut-être d'une activité stérile, se roidirent cependant contre le sort, et continuèrent la lutte avec un courage au-dessus de tout éloge. Il y eut des heures de douleur : il n'y eut point d'heures oisives. La foule était là, muette et consternée. Le regard s'arrêtait avec stupeur sur un désastre qui avait déjà dépassé toutes les prévisions, et auquel la prudence humaine n'osait plus assigner de limites. Quatre-vingts maisons peut-être brûlaient à la fois. Le feu avait atteint le boulevard Sainte-Catherine, et se ruait sur la façade opposée. Dans la rue Monte-à-Regret, le fléau menaçait l'hôtel de la préfecture, et à côté, dans l'ancien palais de justice, trois dépôts diversement précieux : les archives départementales, la bibliothèque et le musée.

Ce paysage de feu, ce drame lamentable,

avait dans son horreur même quelque chose d'affreusement beau. Une lumière immense noyait la ville dans ses sinistres clartés. Le feu semblait être sous nos pieds et sur nos têtes ; car l'incendie, par l'effet de la réverbération, formait au-dessus de la ville comme une coupole de feu. Les phénomènes de la réverbération se produisirent du reste sous les formes les plus diverses : on voyait, à des distances éloignées, les pans et les vitres des maisons étinceler. Exposé dans les airs aux chaleurs de l'incendie, le clocher de Saint-Michel, avec sa flèche hardie, ressemblait à une immense pyramide lumineuse. Les flammes jaillissaient et ruisselaient ; on entendait les toitures s'effondrer ; on voyait des maisons entières s'incliner, puis s'abîmer dans le brasier comme dans un gouffre. A je ne sais quelle heure de la nuit, trois détonations successives firent trembler le sol : c'était l'explosion d'un reste de poudre oublié chez l'armurier. Çà et là des pleurs, des cris, des gémissements, des scènes navrantes : une mère emporte son fils ; un vieillard regarde brûler sa maison ; un pauvre soldat couvre de ses tendresses, avant de le quitter, l'enfant qu'il vient, au péril de sa vie, d'arracher de quelque toit embrasé.

## XVI.

Les autorités civiles et militaires, le général de division, le général de brigade, le préfet, le maire et ses adjoints, le secrétaire général, le premier-président, le procureur général, le procureur impérial et leurs substituts, le commissaire central, les officiers de cavalerie et d'infanterie, le colonel et le capitaine de gendarmerie (1), étaient demeurés en permanence sur la place d'Aisne toute la nuit, prenant d'urgence toutes les mesures que semblait comporter la situation. Lorsque pour la première fois fut signalé le manque d'eau, le maire, M. Othon Peconnet, et M. Talandier, procureur impérial, avaient mis à l'instant

(1) *Courrier du Centre*, nᵒ du 15-16 août.

même en réquisition tous les camionneurs de la ville pour aller puiser de l'eau dans la Vienne. Cette sage disposition alimenta les pompes, et fut bientôt d'un grand secours.

Le bruit a couru que les boyaux en cuir des pompes étaient en mauvais état. L'assertion a été par nous vérifiée, et nous indiquons ici le résultat de nos recherches. Les pompes de Limoges, exécutées sur le modèle de celles de Paris, ont la puissance et la perfection de celles-ci., Les tuyaux sont en bon état, et, s'ils ont quelquefois éclaté dans les manœuvres, c'est que ces sortes d'accidents sont inévitables lorsque la disposition des lieux oblige, comme dans l'incendie de Limoges, de leur donner un certain développement. L'énorme pression qui chasse l'eau, et la porte à des élévations de quarante ou cinquante mètres, peut assurément faire violence aux ajustages même les plus parfaits. Il serait peu équitable de rendre en pareil cas l'autorité responsable : l'autorité a pourvu

la cité de tous les moyens que l'expérience
et la science lui indiquaient : que pou-
vait-elle de plus?

La proposition de faire la part du feu
et de couper quelques maisons s'était produite à plusieurs reprises dans les délibé-
rations. Examinée et discutée avec soin,
cette proposition, en apparence si plausible,
fut trouvée inexécutable. Les raisons qui
obligèrent de l'écarter ont été exposées
depuis avec beaucoup de clarté dans une
note imprimée, dont nous nous faisons un
devoir de reproduire quelques passages;
car, en pareil cas, rien de mieux que
d'éclairer l'opinion :

« Il importe, dit la note, de bien expli-
quer que les maisons en pans de bois ne
peuvent être démolies que pièce à pièce, ce
qui nécessite un long travail. Les principaux entrepreneurs et charpentiers de la
ville, appelés plusieurs fois pendant la
nuit, ont tous proclamé l'impossibilité
d'agir utilement dans ce sens. La preuve
de l'impossibilité a du reste été donnée : la

maison Gérald, au carrefour Lansecot, malgré son état de vétusté et ses petites dimensions, est encore debout, et cependant plus de cinquante ouvriers ont travaillé sans relâche à la démolir (1). »

On a raconté qu'un homme de l'art s'était chargé avec ses ouvriers de couper une maison, et l'avait en effet coupée en quelques heures. Le fait est faux. Diverses personnes à tour de rôle proposèrent cet expédient ; mais depuis, mieux informées, ces personnes furent des premières à le reconnaître impraticable.

L'incendie avait donc pris, de deux à trois heures du matin, des proportions gigantesques et hors de toute mesure avec nos ressources d'action. Il était urgent d'aviser. Les autorités se réunirent au palais de justice ; il y eut délibération, et l'avis général fut qu'il convenait d'expédier séance tenante des dépêches télégraphi-

(1) Voir *le Courrier du Centre*, numéro du 10 août 1864.

ques aux villes situées sur la ligne de
fer, aflu de provoquer des secours. Les
dépêches partirent, allèrent au milieu de
la nuit porter sur la ligne le cri d'alar-
me. Ce cri fut entendu, et, lancés à fond
de train sur nos chemins de fer, les
secours arrivèrent avec une incroyable
célérité.

## XVII.

Pendant que les dépêches couraient sur
les lignes de fer, nos travailleurs déployaient une ardeur nouvelle. L'aube déjà
se laissait pressentir, et portait avec elle je
ne sais quels rayons d'espérance : l'action,
disait-on, recommencerait à la clarté du
jour, et la campagne cette fois s'ouvrirait sous de meilleurs auspices. Ces pres-
sentiments ne tardèrent pas à se justifier.
Avec un empressement dont toute la ville
leur à su gré, les commissionnaires de
roulage, à la première invitation des magistrats, s'étaient empressés de fournir
leurs chevaux et leurs camions. Outre les

chaînes, qui continuaient de fonctionner avec activité, un service continu de chars et de charriots put être régulièrement organisé. Ce service improvisé aboutissait à la Vienne. Les tonneaux, remplis dans la rivière, revenaient avec rapidité, et apportaient aux pompes des eaux abondantes. La pénurie des eaux, si fatale jusqu'alors, avait ainsi cessé, et ce premier allégement fut comme le prélude d'une révolution favorable. Vers quatre heures du matin, le vent, qui nous avait tant fait de mal, parut un peu fléchir. A la faveur des circonstances ainsi améliorées, la défense prit cœur; elle donna à ses mouvements plus d'ensemble et plus d'unité : le périmètre de l'embrasement fut cerné, et comme bloqué par les pompes. A six heures du matin, on constatait déjà de notables succès, et les hommes du métier déclarent qu'à dater de ce moment le feu, circonscrit dans son foyer, ne fit aucune conquête nouvelle.

Mais ici se place un épisode dont toutes les relations ont parlé, et auquel des circonstances imprévues ont donné quelque retentissement. Plus l'incident dont il s'agit a fait de bruit, plus devient étroite pour nous l'obligation d'en préciser les moindres particularités, et d'en déterminer le caractère.

## XVIII.

La ville de Limoges, convertie au christianisme par saint Martial, disciple de saint Pierre, porte dans ses armes l'image de l'apôtre du Limousin (1), et de temps immémorial, dans les calamités publiques, il fut d'usage d'exposer ses reliques à la vénération des fidèles. Même en pleine révolution, à la suite du fatal incendie du 8 septembre 1790, la ville maintint l'antique usage. A cette époque, par la volonté du peuple, la procession se fit, et, suivant toutes les relations du temps, c'est lorsque les reliques parurent sur le théâtre

(1) Voir sur la couverture les armes de Limoges.

de l'incendie que le feu commença à perdre
de son intensité.

Ce fait, conservé dans les souvenirs
de la population, explique ce qui se
passa à Limoges dans la nuit du
15 août 1864. Au milieu des désolations de
cette nuit funeste, une multitude de voix
s'élevaient pour demander que cette fois
encore les saintes reliques fussent exposées
à la vénération de tous. La confrérie de
Saint-Martial, la plus ancienne peut-être
des confraternités laïques de France,
forte d'un passé de sept ou huit siècles,
composée presque tout entière de chefs
d'atelier, tenant ainsi au peuple par
toutes ses racines, joignait ses vœux aux
vœux de la partie la plus nombreuse et
la plus imposante de la population.
Le pasteur accéda aux sollicitations; il
s'y associa, et les bénit. Par son ordre,
la grille derrière laquelle repose la châsse
fut ouverte vers trois heures du matin.
A la pointe du jour, devant cette même
grille, dans l'église de Saint-Michel-des-
Lions, le pontife célébrait, pour son peu-

ple alors si malheureux, le saint sacrifice de la messe. Vers six heures, cédant aux instances réitérées et de plus en plus pressantes des fidèles, Sa Grandeur faisait sonner les cloches pour la procession, et des messagers allaient de divers côtés prévenir les ecclésiastiques disséminés dans les chaînes.

Quatre clefs, déposées en diverses mains, ferment la châsse de saint Martial. Trois de ces clefs étaient à la disposition de l'évêque. M. le maire, dépositaire de la quatrième, donna l'ordre d'aller immédiatement chercher celle-ci.

L'église était comble. Des femmes, des dames de tout âge et de toute condition, se pressaient sous la voûte sainte. Des hommes s'y trouvaient aussi : leurs traits pâles, leurs vêtements fatigués et couverts des poussières de l'incendie, les signalaient à l'intérêt de la foule. Entouré du peuple, accompagné de son clergé, Monseigneur se tenait à genoux, sans coussin, sans accoudoir, sur les marches nues de l'autel. Le chœur entonna le *Miserere*, entrecoupé, après chaque verset, du *Parce Domine*. A ce moment, il se passa dans la foule quelque chose qui ne se peut décrire : c'était l'émotion, c'était la foi ; c'étaient des milliers de cœurs dans une douleur commune, élevant leur commune prière vers Celui qui dispose souverainement de l'homme et de ses maisons, de ses chaumières et de ses palais.

Vainement cherchée à la mairie, la quatrième clef ne se retrouvait pas. Monseigneur trancha la difficulté : il permit que, au lieu de porter seulement les reliques, on portât la châsse elle-même. Nous avons parlé plus haut de la confrérie de Saint-Martial : c'est un des priviléges de cette compagnie de se charger dans les cérémonies publiques du précieux dépôt. La châsse parut donc, et la procession sortit entre sept et huit heures du matin. Le cortége, composé d'une multitude immense, ressemblait à une foule devant qui s'ouvrirait avec respect une autre foule. La procession suivit la rue Ferrerie et la place des Bancs, traversa la place du Poids-du-Roi, et fit une station devant le sanctuaire consacré à saint Aurélien. Les reliques de ce premier successeur de saint Martial furent apportées par un prêtre, et le pontife prit le reliquaire. La procession revint alors sur ses pas : elle déploya ses longues files sur le boulevard Sainte-Catherine, s'engagea dans la rue des Clairettes, qu'elle remplissait tout entière, et déboucha, par le faubourg des Arènes, devant le palais de justice, sur la place d'Aisne, qui offrait alors une effroyable scène de tumulte, de deuil et de confusion.

A notre gauche se trouve le péristyle, qui déjà nous a servi d'observatoire. Montons, et, sur la place, suivons de l'œil les fluctuations de cette multitude, agitée comme la vague, houleuse comme une mer.

L'apparition du signe sacré de la Rédemption sur le théâtre de l'incendie fut un évènement. La vue de la croix produisit dans les âmes une émotion que beaucoup d'entre nous affirment avoir vu se traduire par des larmes. Les activités diverses se sentirent un instant rallenties et comme suspendues. La sainte liturgie porta à Dieu le sanglot de la prière, puis elle se tut. Alors, les mains vers le ciel, le pontife fit avec les saintes reliques le signe de la croix sur les multitudes agenouillées et aussi sur les feux qui se dressaient menaçants à tous les points de l'horizon.

De la place d'Aisne, après avoir suivi le boulevard de la Poste-aux-Chevaux et la rue Turgot, la procession, passant sous le Portail-Imbert, rentra, par la place de la Préfecture, dans l'église Saint-Michel-des-Lions, et quelques instants après les dernières et sublimes notes du *Parce Domine*, répétées par des milliers de voix, remplissaient les voûtes du temple.

Voilà ce qu'au dix-neuvième siècle une grande cité a fait pour Dieu : voici ce que Dieu A PERMIS en faveur de la cité :

Dieu A PERMIS que la Boucherie, de tous les quartiers le plus exposé au feu, ait été presque miraculeusement préservé. Nous l'avons vu, et nous l'affirmons.

Dieu A PERMIS que la décroissance de l'incendie ait coïncidé avec les premières prières, et que les feux aient été maîtrisés à l'heure précisément où paraissaient les saintes reliques. Nous l'avons vu, et nous l'affirmons.

Dieu A PERMIS que, dans un désastre qui a menacé la vie de tant de personnes, aucune personne cependant n'ait perdu la vie. Nous l'avons vu, et nous l'affirmons.

Enfin Dieu A PERMIS que, par des dispositions demeurées incompréhensibles, même pour nous, les secours soient venus à nos pauvres incendiés avec une spontanéité et un empressement dont les annales de la charité ne présentent peut-être pas d'autre exemple. Avec toute la France et toute l'Europe, nous l'avons vu, et nous l'affirmons.

Le reste est connu.

## XIX.

Un homme doué d'une âme humaine comme nous, composé de grandeur et de petitesse, *de temps et d'éternité* comme nous (1), et exposé à la souffrance comme nous, a bien eu, en un pareil moment, le courage d'incriminer nos prières ! Pendant que nos maisons brûlaient, on nous rappelait en paroles dures et blasphématoires les miséricordieuses leçons de l'Évangile ; et notre admirable évêque, les mains encore baignées des larmes de la reconnaissance publique, était dénoncé aux indignations de l'Europe ! L'immensité de l'insulte nous fait une obligation de la relever ; mais nous ne la rétorquons point. A d'autres le malheur de jeter l'injure : à nous, s'il se peut, le bonheur de la pardonner ! — O vous, Monsieur, qui nous fûtes si cruel, vous qui, dit-on, mangiez naguère du pain de nos fêtes, écoutez ! Toute

_____

(1) Leibnitz.

vie a ses angoisses : parce que vous êtes homme, vous serez à votre tour, je le crains du moins, soumis aux épreuves réservées à l'homme; et, parce que vous n'êtes qu'un homme, ce vous serait un tourment insupportable que, au jour du malheur, quelque lèvre imprudente osât insulter aux plus nobles, aux plus légitimes affections de votre être. Eh bien ! nous vos hôtes, nous vos frères, nous outragés, nous prions Dieu du fond de nos cœurs que ce supplice, dont nous connûmes les morsures, vous soit à jamais épargné !

Pour n'avoir plus à revenir sur une plaie dont saignera long-temps la conscience publique, nous plaçons ici, par anticipation de dates, deux lettres qui depuis ont rétabli les faits.

*Lettre de M. le Maire de Limoges au journal*
*l'Opinion nationale.*

Monsieur le Rédacteur,

Je suis accablé par tant de soins divers que je

n'ai lu qu'aujourd'hui l'article que M. *** (1) a cru devoir consacrer, dans *l'Opinion nationale*, à la critique de la conduite du clergé de Limoges pendant l'incendie qui a fait dans notre ville tant de malheureux.

Si vous aviez mieux connu les faits, vous n'auriez certainement pas ouvert vos colonnes à des lignes aussi contraires à la vérité.

Pendant la nuit sinistre du 15 août, votre collaborateur eût voulu que le clergé prît place au milieu des travailleurs : s'il se fût trouvé à Limoges, il aurait vu que ses vœux étaient exaucés. Nos prêtres se sont placés aux pompes et à la chaîne pendant de longues heures. J'ai même vu un frère de la Doctrine chrétienne dans l'eau jusqu'aux genoux, et remplissant les seaux dans un réservoir.

Notre population tout entière a rendu justice à leur attitude, et vous regretterez, j'en suis convaincu, que votre journal ait blâmé dans les termes où l'a fait votre collaborateur des hommes qui, pour être prêtres de la religion catholique, n'ont pas oublié qu'ils étaient des citoyens.

Recevez, etc.

O. PÉCONNET,<br>
Maire de Limoges.

---

(1) Le nom est indiqué dans la lettre de M. le Maire.

*Lettre de Monseigneur de Limoges à M. le Maire.*

Limoges, le 31 août 1864.

Monsieur le Maire,

Pour éviter les doubles emplois, et assurer une équitable et fructueuse répartition des secours que la France entière, dans un admirable élan de charité, envoie à nos malheureux incendiés, j'ai hâte de vous adresser, sur les sommes qui sont mises à ma disposition personnelle, un premier versement de *quinze mille francs.*

A cette occasion, permettez-moi, Monsieur le Maire, de vous remercier de la lettre que vous avez écrite le 27 de ce mois à M. le rédacteur en chef du journal qui s'intitule *l'Opinion nationale.*

Je ne connaissais l'article injurieux et mensonger contre lequel, vous faisant l'interprète de la population de la cité, vous avez cru devoir protester, que par l'indignation générale qu'il a soulevée. Les prêtres de la ville de Limoges ont prouvé, dans la funeste nuit du 15 au 16 août, que, en leur qualité de ministres de la religion de charité, ils croient ne faire que leur devoir en se dévouant pour leurs frères modestement et sans bruit. Leur silence en présence des attaques iniques dont ils ont été l'objet de la part d'écrivains légers qui se sont hâtés de les accuser sans prendre la peine de vérifier leurs allégations injurieuses prouve qu'ils savent également pardonner.

*L'Opinion nationale* me reproche, m'a-t-on dit, de n'avoir point parlé, dans ma lettre pastorale, du dévoûment du clergé de Limoges. Je mérite, je l'avoue, ce reproche, que mes dignes et bien-aimés collaborateurs, aussi modestes que dévoués, n'ont pas songé à me faire; mais je ne méritais pas l'accusation que le même journal a portée contre moi, d'avoir laissé aux magistrats civils le soin d'informer les incendiés qu'ils trouveraient un asile dans les bâtiments municipaux.

Vous le savez en effet, Monsieur le Maire, sans vouloir empiéter sur vos attributions municipales, dont vous avez admirablement rempli toutes les obligations, je me suis préoccupé des premiers secours à donner aux victimes de l'incendie; j'ai permis qu'on déposât dans l'église de Saint-Michel, voisine du lieu du désastre, des objets mobiliers et jusqu'à des marchandises, qui l'ont encombrée pendant plusieurs jours; je vous ai offert le séminaire diocésain et le palais épiscopal pour servir de demeures provisoires aux malheureux incendiés. Vous avez bien voulu m'écrire le 16 que vous acceptiez l'offre du séminaire.

Comme les outrageants articles de *l'Opinion nationale* ont été reproduits et commentés par d'autres journaux, qui sans doute regretteront de s'être laissés induire en erreur, je crois devoir rompre le silence que je m'étais imposé, et vous demander de publier dans les journaux de la localité la lettre que j'ai l'honneur de vous adresser.

Agréez, Monsieur le Maire, l'assurance de ma haute considération.

† FÉLIX,

Évêque de Limoges.

Concluons : les attaques dirigées contre Monseigneur de Limoges auront eu pour résultat de rendre le souvenir de ses vertus inséparable du souvenir de nos malheurs. Nous ne rapportons ce résultat à aucun homme : aucun homme ne l'a voulu ni prévu, ni même cru possible; et, si l'évêque est sorti de l'injure plus vénéré que jamais, c'est qu'apparemment Dieu l'a voulu (1)!

(1) S'il est vrai, comme on l'assure, que *l'Opinion nationale* ait rectifié les faits et retiré le blasphème, nous n'entendons en aucune ma-

## XX.

Reprenons notre récit. D'après la décla-
ration des hommes les plus compétents, o
fut maître du feu à sept heures du matin.
Ce point important, ignoré des premières
relations, sera reconnu vrai par toute personne qui, voulant former et asseoir son
jugement, aura eu soin de s'entourer des
éclaircissements nécessaires. Mais de ce
que vers sept heures du matin on était
maître du feu, gardons-nous de conclure
qu'alors les maisons eussent cessé de
brûler. Les foules ont vu et elles n'ou-
blieront jamais le spectacle qu'au moment
de la procession présentait la place d'Aisne.
La rue des Arènes, sur laquelle nous
avons si souvent dirigé le regard du
lecteur, a complètement disparu, et ne
forme qu'un vaste brasier. De tant de

nière contester à ce journal le mérite d'un acte
honorable, et nous serions, dans ce cas, des
plus empressés à y applaudir.

constructions, du labeur accumulé de tant de générations, il ne reste rien. En quelques heures, les deux rangs de maisons ont été dévorés. Beaucoup d'édifices, voués au même sort, achèvent dans le feu leur misérable destinée ; ils laissent voir à travers leurs fenêtres démantelées des colonnes de flammes rouges, livides, safranées, bleuâtres, qui, partant des rez-de-chaussée, perçant les divers étages, traversent les toits, et, du haut de leurs cîmes hardies, jettent au ciel des nuages d'étincelles. Ces flammes, que le vent n'alimente plus, réduites à leur seule force, reprennent sur tous les points la direction verticale, et semblent dire à leur manière le mot de toutes les ambitions défaillantes : *Quo non ascendam ?*

## XXI.

Vers sept heures et quart du matin, les sapeurs-pompiers de Périgueux, amenés par un train spécial, entraient dans la gare, sous les ordres de leur brave commandant, M. Lagrange. Arrivés les premiers, les premiers aussi ils reçurent les effusions de notre gratitude. Ces hommes courageux se portèrent avec empressement aux postes que l'autorité leur avait assignés. Ils y relevèrent les pompiers de Limoges, qui, ayant passé la nuit au feu, avaient besoin de quelque repos. Toute la ville a admiré la belle conduite, l'entrain, le sang-froid et l'intelligence de nos amis. Le vent, assoupi depuis quelques heures, pouvait se réveiller; le feu se montrait encore partout : la situation était donc pleine de périls, mais d'heure en heure, grâce à leur fraternel concours, le danger tendit à diminuer.

Les pompiers d'Argenton et de Saint-Marcel, transportant avec eux trois pompes d'une grande puissance, arrivèrent dans l'après-midi, sous la conduite de leur habile chef M. Texier-Delaage. Le capitaine fit défiler sa belle compagnie sur la place d'Aisne, et, s'étant mis courtoisement à la disposition de l'autorité municipale, plaça ses quatre divisions aux postes qui lui furent assignés.

La compagnie de Châteauroux arriva un peu plus tard. Accueillie avec la même affection, elle déploya le même dévoûment.

Les pompiers de Limoges, relevés pendant sept à huit heures par leurs camarades de Périgueux, d'Argenton, de Saint-Marcel et de Châteauroux, reprirent leur service le 16 au soir. Le lendemain 17, tout danger avait cessé. Comblés de remercîments et fiers à juste titre de l'accueil dont ils venaient d'être l'objet, les pompiers étrangers reprirent le chemin de leurs foyers, où les attendaient de nobles et généreuses acclamations.

Enfin cent hommes du 3e régiment d'artillerie, en garnison à Bourges, sous la conduite de trois officiers, firent leur entrée à Limoges le 16 août, vers huit heures du soir, avec un fourgon chargé d'outils. Il s'agissait de déblayer des ruines enflammées. Les pieds des travailleurs étaient dans le feu : il fallut vêtir et chausser les hommes de manière à les protéger contre une poussière dévorante. Lorsque la chaleur devenait insupportable, les pompes immergeaient le sol. Une cave, pendant le travail, fit explosion sous leurs pieds, et lança dans l'espace une colonne de vapeur : personne heureusement ne fut atteint. Au bout de huit jours, les rues étaient déjà déblayées et rendues à la circulation. Quant à l'incendie, autant qu'il peut être en lui, il a résisté à tous les efforts : après trois semaines, on apercevait encore, la nuit, parmi les décombres, des feux mal éteints.

## XXII.

Il est temps de mettre fin à une relation déjà trop longue.

J'ai dit nos malheurs : il resterait à dire notre gratitude. Mais ici la parole expire, l'expression manque à la pensée! Quel langage pourrait égaler la grandeur des manifestations dont nous venons d'être les objets et les témoins? La France, le premier des peuples dans l'ordre moral, fut à toutes les époques le foyer des nobles élans. Cette patrie bien-aimée a daigné, en un jour funeste, nous couvrir de ses ailes : d'inexprimables maux ont provoqué de sa part d'inexprimables empressements. Au premier signe de notre détresse, la France s'est émue : de tous les points de ce vaste empire, du midi et du septentrion, de l'orient et de l'occident, les cœurs ont semblé se précipiter vers nous. L'incendie éclatait le 15 août 1864, entre huit et neuf heures du soir, et le 16 août déjà l'Empereur se rendait présent à Limoges par ses largesses, suivies presque aussitôt des libéralités de l'Impératrice et du Prince impérial, et un peu plus tard de celles du prince Jérôme-Napoléon et de la princesse Clotilde. Les wagons de nos chemins de fer, les lignes de notre télégraphie, se sont fatigués au service de la charité d'un grand peuple. Suspendus à tous les fils de nos routes aériennes, de sublimes messages traversaient l'espace, impatients, semblait-il, de verser une goutte de baume sur nos blessures.

Si grand que soit un peuple, il y a quelque chose de plus grand que ce peuple : c'est la Charité, descendue autrefois nu-pieds du Calvaire pour prendre possession de l'Europe! Ni les Pyrénées, ni les rives des mers, ni les barrières de l'exil, n'ont limité par rapport à nous les élans de cette fille du Ciel. L'Espagne la première est venue, et, par la main de son roi, a jeté sa magnifique obole dans la corbeille de notre indigence. Au même moment, la Cité de Londres prélevait, nous a-t-on dit, sur ses opulences le denier de l'incendié, et, à la même heure, une lettre venue de Milan nous avertissait que là aussi quelque cœur généreux compatissait à nos souffrances.

Mais plus loin, bien plus loin que l'Espagne et la Grande-Bretagne, plus loin que Milan, une autre Majesté, portant au front l'auréole de la sainteté et du malheur, daignait, oubliant ses maux, se préoccuper des nôtres.

Peut-être, à la nouvelle de l'incendie de

Limoges, Pie IX s'est-il souvenu de TROIS PAPES donnés par l'Église de Limoges à l'Église universelle; peut-être s'est-il souvenu de notre illustre Grégoire XI, par qui fut réintégrée dans Rome la chaire de Saint-Pierre; peut-être, en nous adressant les lointains témoignages de son amour, l'immortel Pontife a-t-il entendu donner une consécration nouvelle à d'impérissables souvenirs !

Une autre grandeur, celle-ci découronnée, a fait elle aussi traverser à l'Europe sa sublime aumône, l'obole de l'exilé !

Cœurs généreux qui de tous les points de la France et de l'Europe nous fûtes si miséricordieux et si secourables, princes et grands de la terre, pauvres ouvriers accablés du poids du jour, vous tous nos compatriotes, nos amis, nos frères, nos bienfaiteurs, papes ou empereurs, rois ou sujets, recevez ici la respectueuse expression d'une gratitude dont ces humbles pages iront rendre témoignage partout où

les jettera le vent de la publicité, partout
où les conduira la divine Providence!

# PARTIE ANECDOTIQUE

1.

Entraîné par le fil des évènements,
nous avons dû passer sous silence beaucoup de faits qui réclament cependant une
place dans cette relation. Avant de reprendre les détails, nous sera-t-il permis
de consigner ici une observation?

Le feu, de quelque manière que nous le

considérions, est plein de mystères. La science en constate les effets : elle est incapable d'en déterminer le principe. La puissance du feu se manifeste par les phénomènes les plus variés, les plus divers, les plus opposés. Le feu blesse, et il guérit; le feu, dans certains cas, exerce une sorte d'action créatrice, et, dans d'autres cas, il est le plus énergique de nos dissolvants. Les philosophes et les poètes ont à l'envi employé le mot *feu* pour exprimer les phénomènes de l'ordre physique ou moral les plus contraires. Ils nous représentent le feu comme symbole de la vie et de la mort, comme image de la haine et de l'amour, comme emblème de ce qu'il y a de plus brutal, la colère, et de plus élevé, le génie. Le feu quelquefois semble participer de l'activité animale : c'est le tigre qui caresse sa proie avant de la dévorer; quelquefois au contraire le feu semble imiter les plus douces affections humaines. Dans Virgile, par exemple, la flamme *lèche* et caresse avec amour la chevelure de l'enfant (1). Un écrivain du cinquième siècle, Mamert Claudien, a été surtout frappé de la propriété que le feu a de s'élever dans l'espace : « Avec une rapidité presque incompréhensible, dit cet écrivain, le feu, par son élan naturel, remonte vers le ciel comme vers sa patrie (2) ». — C'est ce qui s'est vu dans la maison Cance : le feu affecte la ligne verticale ; parti du rez-de-chaussée, il perce l'escalier, et va, comme une hampe de lance, s'ouvrir un passage sur le toit, qu'il couronne d'une aigrette enflammée.

(1) Je reproduis l'admirable passage de Virgile :

Ecce levis summo de vertice visus Iuli
Fundere lumen apex, tactuque innoxia molli
Lambere flamma comas.

(*Enéide*, l. II, v. 682.)

Mot à mot : « On voit un faible jet lumineux répandre une flamme sur la tête d'Iule : cette flamme inoffensive caresse sa chevelure ». — L'image est intraduisible : les grands effets de style le sont toujours.

(2) *De natura animæ*, lib. I, c. 9, p. 38. (Zuickaw, 1655.)

Les saintes Écritures mentionnent le feu en une multitude de passages : ici, comme dans Virgile, le feu est une *langue* qui caresse ; mais cette langue divine communique l'intelligence et les magnanimes inspirations. Ailleurs, dans les mêmes livres, le feu est le plus formidable agent des volontés divines : c'est par le feu que le monde finira, et, sur les mondes détruits, le feu sera le vengeur des crimes sans repentir.

De ces considérations, trop philosophiques peut-être, revenons aux faits, et redescendons à notre modeste récit.

## II.

Le 16 août, à onze heures du matin, nous voulûmes revoir le théâtre de l'incendie. Nous prîmes notre point de vue de la rue Pennevayre, à l'entrée de la place de La Mothe.

De là l'œil découvre tout un amphithéâtre de désolation. Les vastes espaces qui de la place de La Mothe s'étendent à la place d'Aisne ne forment en ce moment qu'un immense brasier; les maisons détruites laissent voir une solitude de feu qu'aucun pied humain n'oserait fouler. Plus de flammes sur aucun point; mais partout des poutres, des bois, des matériaux, des décombres embrasés. Naguère altiers et superbes, maintenant couchés et rampants, les feux épars semblent avancer l'un vers l'autre, et chercher à se rejoindre, comme les tronçons d'une armée après la déroute. Çà et là des ruines : ici une cheminée seule restée debout; ailleurs des fenêtres démantelées, suspendues à des restes de murailles; plus loin, avec ses formes arrondies, quelque portail que l'on prendrait pour l'arche d'un pont coupé par la foudre. Plus loin encore, des arbres noircis jettent au vent les cendres dont une nuit funeste a couvert leurs rameaux.

## III.

L'hirondelle, qui hier peut-être suspendait son nid aux parois de nos demeures, a fui nos toits inhospitaliers. Sur ce vaste espace, en quelques heures tout bruit de vie a cessé. Que d'êtres vivants, membres de la création comme nous, engloutis dans les décombres! On a vu un malheureux chat poursuivi par le feu, fuir, d'étage en étage, jusque sur le toit, et du toit s'élancer sur le faîte d'une cheminée. Là le pauvre animal, inquiet, agité, éperdu, entouré de feux, et ne trouvant d'issue d'aucun côté, poussait de lamentables gémissements. La foule le suivait de l'œil avec anxiété; elle poussa un cri lorsqu'elle vit la cheminée s'effondrer, et entraîner l'animal dans sa ruine.

Un autre chat se fit remarquer par son intrépidité : celui-ci, sur la fenêtre d'un troisième étage, ayant derrière lui le feu, et devant lui l'abîme, exprimait par le désordre et la précipitation de ses mouvements et par des miaulements d'une nature insolite des perplexités en rapport avec l'horreur de la situation. Que se passat-il dans son esprit? Je ne sais! Une résolution héroïque termine les incertitudes : l'animal jette un dernier coup d'œil, mesure les hauteurs , et , s'élançant dans l'espace , arrive par le plus court chemin sur la place de La Mothe. *Audaces fortuna juvat!* La galerie l'applaudissait ; mais le modeste animal, se dérobant à l'ovation, traversa, rapide comme un trait, la place de La Mothe, et alla cacher on ne sait où l'embarras où semblaient l'avoir jeté de tels applaudissements.

IV.

Le soir, dans l'obscurité, la scène prit un autre caractère : c'était quelque chose comme ces ruines de Rome projetant la nuit leurs grandes ombres dans les lumineux océans du clair de lune; mais c'était de plus un feu mat, une flamme surbaissée et sombre, rayonnant des couleurs amorties du prisme. Ces feux rampants , qui se sont montrés pendant plus de trente nuits , affectaient quelquefois la couleur du plus vif azur. En voyant ainsi les flammes bleues flotter dans l'obscurité, nous nous rappelions les vagues phosphorescentes, les nappes de feu qu'aux jours de notre jeunesse nous avions autrefois admirées, pendant les belles nuits de l'Orient, sur les mers de Constantinople.

La photographie a essayé de reproduire le tableau des ruines; mais, lorsque les œuvres de la nature atteignent de certaines proportions, les couleurs manquent à l'artiste, l'expression manque à l'historien. Pour avoir une idée de la scène, il faut l'avoir vue dans son premier état : nos paroles restent certainement au-dessous de la réalité.

V.

Le nombre des maisons incendiées, diversement évalué dans le principe, et déterminé depuis par les recensements officiels, s'élève à cent neuf maisons.

Les pertes, tant en meubles et immeubles qu'en marchandises, sont considérables, et font actuellement l'objet des estimations des compagnies d'assurance.

Il y a eu dans le sinistre quelques blessures et quelques contusions : un sergent de ville a été blessé à la jambe et aussi un sapeur-pompier. Grâce à Dieu, personne n'a péri. L'un des pompiers de la commune de Saint-Marcel, département de l'Indre, atteint d'une blessure réputée grave, a été promptement rétabli. Quelques jours après, M. Tarret, sergent des pompiers de Limoges, de service sur la place d'Aisne, chargé d'y éteindre les débris fumants de l'incendie, a été victime de son zèle, et s'est fracturé la jambe.

VI.

Quelques particularités recueillies çà et là donneront une idée de la violence du fléau. L'air était sur certains points comme inondé d'une *neige de feu* (1). Une flam-

(1) Le mot a été recueilli sur les lèvres d'une femme du peuple : l'expression est admirable de

5*

mèche embrasée, passant par-dessus le boulevard Sainte-Catherine et par-dessus la rue des Clairettes, est allée, comme un voleur de nuit, incendier au fond d'un jardin un kiosque dont le lendemain nous n'avons plus trouvé que les cendres. Des cires blanches, exposées à l'air sur des toiles, à Château-Gaillard, au-delà de la poudrière, à deux kilomètres au moins de l'incendie, ont subi de telles avaries que les parties intéressées ont cru devoir exercer leur recours contre les compagnies d'assurance. Vers deux heures du matin, des débris enflammés, soulevés par la brise, tombaient aux Courières, à trois ou quatre kilomètres de la ville. Un fait plus étonnant encore, c'est que des atomes ou si l'on veut des flocons de feu ont été, la nuit, poussés par le vent jusqu'à Saint-Priest-sous-Aixe, petite commune située à environ trois lieues de Limoges. Nous ap-

justesse et de vérité ; ainsi en jugeront toutes les personnes qui se sont trouvées à portée d'observer le phénomène.

pelons sur ce dernier fait l'attention des personnes qui pourraient avoir jugé les faits avec sévérité. Comment résister à la puissance du vent?

## VII.

Une des difficultés de la situation après l'incendie fut de loger tant de personnes désormais sans asile.

### J'OFFRE MON PALAIS !

Tel fut le premier mot de l'évêque. Si quelque jour l'épigraphie entreprenait de perpétuer le souvenir de l'incendie de Limoges, elle se rappellerait ce mot que la population a recueilli, et que la presse européenne enregistrera peut-être.

Monseigneur offrit son palais; mais M. le maire eut la délicatesse de compter pour quelque chose des embarras que, dans son dévoûment, l'évêque ne comptait pour rien, et l'offre fut obligeamment écartée. Les édifices du séminaire, disponibles pendant les vacances, joints aux édifices communaux, parurent devoir suffire à tous les besoins. L'autorité municipale, avec une sollicitude qui n'a été en défaut sur aucun point, s'empressa de mettre des logements à la disposition des familles incendiées; mais aucune famille ne fut dans le cas de profiter des facilités offertes, tant la charité particulière fut active, tant les cœurs furent prompts à subvenir aux nécessités du moment !

## VIII.

Chacun de nous, dans ce douloureux désastre, a pu être témoin de quelque trait touchant, de quelque scène navrante. — « Seriez-vous du nombre des incendiés? demandions-nous à une fille du peuple en proie à la plus vive douleur. — Je n'ai rien perdu, répondit la jeune fille; mais tant de maux, ah ! Monsieur, cela brise le cœur ! »

Dans cette fatale maison Cance, la première incendiée, une pauvre dame à l'agonie venait d'être administrée, lorsque, enveloppant l'escalier, le feu tout à coup cerne l'appartement, et ferme les issues. Un soldat du 11e dragons, repoussé de l'escalier par le feu, s'élance la hache à la main dans la maison voisine, coupe le mur, et enlève la malade. On transporta la dame à quelque distance de là, dans la maison Bardinet : deux ou trois heures plus tard, le toit hospitalier prenait feu. Le docteur Alphonse Bardinet se trouvait près de ses sœurs. Oubliant le toit paternel qui brûle, tout aux généreuses inspirations du moment, il saisit la pauvre malade d'une main vigoureuse, la prend sur ses bras, et seul, au travers de mille difficultés, la nuit, par d'étroits escaliers, par un dédale de cours et de ruelles, car la voie publique était impraticable, il va la déposer dans la maison Verjeaud. Mais bientôt après la maison Verjeaud brûlait à son tour. Cette fois, la mourante résista aux empressements de la charité. « C'étaient assez de pénibles migrations, disait-elle : il fallait avoir un peu pitié des pauvres malades ! » Et, à mains jointes, elle demandait qu'on la laissât mourir là. Le vœu de la pauvre incendiée ne fut point exaucé : c'est dans une des salles du palais de justice, sur l'oreiller de la charité publique, que deux jours après l'infortunée rendait le dernier soupir. La maison de la terre n'avait été pour elle qu'un asile peu sûr : sans doute en mourant la pieuse femme aura regardé le ciel, et murmuré les paroles du prophète : *Nous irons dans la maison du Seigneur !*

Une pauvre famille toute composée de malades avait été transportée pendant l'incendie dans nous ne savons quel bouge. Le père et la mère étaient alités, et le fils mourut le lendemain. Un de nos amis accourut à eux la bourse à la main : « Merci, Monsieur, dit la pauvre mère de famille : notre bon évêque est venu hier ; il est monté chez nous ; il s'est assis là ; il nous a parlé, et, en se retirant, il nous a laissé cinquante francs ! » — Monseigneur, vous aviez pris le pas sur les plus pressés ! C'était votre droit : si nous relevons le fait, ce n'est pas pour nous en plaindre.

## IX.

Dans le premier moment, les distributions de secours se firent un peu confusément : on aima mieux s'exposer à donner trop que trop peu. De là quelques doubles emplois. De pauvres familles ont eu la délicatesse de décliner les bénéfices de ces sortes de hasards : on a vu des indigents rapporter à la mairie ce qu'ils avaient, disaient-ils, reçu *de trop*. Hélas ! ce *trop* ne s'élevait pas même au niveau du strict nécessaire ! Nous nous faisons un devoir d'enregistrer de pareils faits : il sera toujours beau de voir l'âme humaine se redresser sous les coups de la fortune, et regagner dans l'ordre moral le terrain qui lui échappe dans l'ordre des intérêts matériels.

## X.

L'incendie de Limoges a donné lieu à de nombreux actes de courage et de dévoûment. Essayons d'en reproduire ici quelques-uns. Et d'abord un mot de nos sapeurs-pompiers, si malheureux du malheur de tous !

J'ai déjà parlé de leur capitaine-commandant. — M. Berthoud, lieutenant du corps, arrêta le feu dans les deux rues du Bélier et du Cheval-Blanc. — Par des prodiges de hardiesse et d'habileté, M. Garraud, aussi lieutenant, contint les flammes, qui, poussées par un vent du sud-ouest, aspiraient à envahir le quartier de la Boucherie.

Les simples sapeurs marchèrent sur la trace de leurs chefs. Trois d'entre eux avaient pénétré, la hache à la main, dans une maison en feu. Quelques instants après, la maison s'écroulant avec fracas, on les crut morts. Quelle ne fut pas la joie et la surprise des spectateurs, lorsque on vit inopinément ces braves reparaître, comme des fantômes, sur les toits , réputés inaccessibles, d'une maison voisine ! La foule les y salua de ses longues acclamations. L'un d'eux , M. Deschamps, le seul dont nous connaissions le nom, avait déjà fait ses preuves : c'est lui, c'est cet intrépide citoyen que l'on vit avec stupeur, il y a quelques années, monter à la cîme du clocher de Saint-Michel, au-dessus de la boule, et s'y tenir avec un imperturbable sang-froid pour redresser la girouette.

Devant la maison Bardinet, qui commençait à brûler, environné de feux, entouré de toits qui s'effondraient, le pompier Dubernard, aidé par un soldat d'infanterie et un autre pompier, a continué, au péril de sa vie, d'arroser la maison menacée. La façade, avant l'embrasement, était tellement incandescente qu'un de nos amis a vu l'eau des pompes s'évaporer sur les parois comme un liquide sur un fer rouge. Diverses personnes dont les vêtements ruisselaient n'ont eu pour les sécher qu'à s'arrêter quelques minutes dans le rayon de l'incendie. Le pompier

Dubernard, soutenu par le sentiment du devoir, résista long-temps à une atmosphère que tous avaient désertée, brava long-temps les murs qui s'écroulaient, et c'est de loin que de rares spectateurs faisaient arriver jusqu'à lui l'émouvante expression d'une admiration mêlée de terreur.

Depuis le fatal évènement du 15 août, que de services nouveaux signalent nos braves pompiers à la gratitude de leurs concitoyens ! Beaucoup de maisons aujourd'hui debout raseraient le sol si leur main courageuse ne les eût arrachées à l'incendie. Tant de labeurs ne resteront pas sans récompense, et la récompense touchant de si près aux services rendus a obtenu d'avance la plus haute des sanctions, celle de l'opinion publique.

## XI.

D'autres particuliers se signalaient d'une autre manière dans les services organisés pour le sauvetage. Un frère des Écoles chrétiennes, debout dans le bassin de la fontaine d'Aigoulène, se consacra pendant plusieurs heures à remplir et à rendre les seaux, qui se succédaient avec rapidité. Sur deux autres points, un soldat d'infanterie et un de nos braves ouvriers, plongés à mi-corps dans les réservoirs, rendaient le même service.

Un jeune ecclésiastique avait coopéré à tous les travaux. Le matin, son logis, espèce de réduit philosophique à peine grand comme deux feuilles du *Moniteur*, recueillit cinq incendiés, qui depuis ont eu l'indiscrétion de trahir le secret d'une si généreuse hospitalité.

Un jeune conducteur des ponts et chaussées, M. Henri Rousier, avait assisté à tous les périls. Dans la rue du Bélier, une paillasse, précipitée d'un troisième étage, le frappe à la tête, et le renverse. On le crut dangereusement blessé, et des soins empressés l'entourèrent. Un adjoint du maire, dont le nom se rencontre à propos sous notre plume, car lui aussi prit part à tous les labeurs, M. Lavergnolle, tendit au blessé une main affectueuse, et le releva. Pressé de se retirer, le vaillant jeune homme s'y refusa ; il continua de prêter son concours aux travailleurs, et attendit pour s'aliter que l'incendie fût éteint. Sa blessure n'a eu heureusement aucune suite grave.

M. Lachenaud, entrepreneur de bâtiments, qui déjà avait largement payé sa dette pendant l'incendie, réunit après l'évènement cent ouvriers dévoués, et avec eux passa la nuit du 16 au 17 août au palais de justice, prêt à marcher au premier signal ; acte digne d'éloges, car le 17 août, vers sept heures du soir, le feu s'était soudainement rallumé dans la maison de M. Petit. La ville, exténuée de fatigue, s'endormit le 16 au soir sous la protection de cette valeureuse phalange.

Nous aurons oublié beaucoup d'actes dignes d'être mis en lumière. Si les torts involontaires ont droit à quelque indulgence, que celui-ci nous soit pardonné !

## XII.

Il serait puéril de faire ici étalage d'un faux savoir, et d'insister sur certaines considérations d'ordre public qui ressortent avec évidence du fatal évènement du 15 août. Ces considérations ont frappé avant nous et plus profondément que nous l'esprit éminent qui préside les conseils de la cité. Les questions relatives à l'approvisionnement des eaux excitent, nous le savons, toute la sollicitude de notre premier magistrat, et depuis long-temps déjà ces questions sont à l'ordre du jour. Le résultat des études préparatoires se trouve consigné dans les savants et remarquables mémoires de nos ingénieurs. Ces études se poursuivent avec persévérance, et le moment n'est peut-être pas éloigné où l'autorité municipale pourra donner satisfaction à l'un des plus pressants intérêts de la cité.

Notre corps de sapeurs-pompiers , chargé d'un service que les accroissements de la ville de Limoges rendent de plus en plus rude, suffit-il à tous les besoins? Le moment ne serait-il pas venu d'élargir les cadres, et de donner quelques développements à une compagnie qui déjà a acquis tant de titres à la reconnaissance publique? Ces questions seront sûrement examinées, et trouveront une solution au sein du Conseil municipal. Les institutions médiocres aiment leur médiocrité : les excellentes aspirent aux perfectionnements, et l'institution des sapeurs-pompiers est assurément de celles-ci.

L'administration municipale peut beaucoup sans doute pour la sécurité de la cité; mais il n'est pas donné à l'administration de changer les habitudes publiques. Tant que nos maisons seront construites en bois, nous devrons, bon gré mal gré, nous résigner à des chances d'incendie dont aucun pouvoir humain ne nous saurait préserver. « Les pans de bois, surtout après les grandes sècheresses, semblent inventés pour assurer les ravages du feu. » Cette phrase, extraite d'une note insérée dans *le Courrier du Centre* du 19 août 1864, exprime sous une forme piquante une vérité incontestable, et dont sans doute il sera tenu compte lors de la reconstruction des maisons incendiées.

Il serait à désirer qu'un règlement de police défendît aux particuliers, en cas d'incendie, sous des peines sévères, de jeter aucun meuble ni aucun ustensile par les fenêtres. Quelque précieux que puissent être de pareils objets, la vie des personnes l'est encore davantage : c'est bien le moins qu'en pareil cas les travailleurs soient protégés contre l'irréflexion, l'imprudence des gens, et quelquefois contre les égarements de la peur. On a vu, dans la nuit du 15 août, des mains aveugles précipiter par les fenêtres des secrétaires, des commodes, des bois de lits, des pendules et jusqu'à des tables de marbre et même de la poterie. Il est bien entendu que les meubles volaient en éclat sur le pavé, et que la chance d'assommer les travailleurs n'était pas même compensée par celle de sauver le meuble.

Nous dénonçons les faits à la sollicitude administrative, et, dans tous les cas, nous les signalons au bon sens de l'opinion.

### XIII.

Nous nous sommes renfermé dans l'évènement du 15 août. Si nous portions nos regards sur les faits *étranges* qui se sont succédés depuis, il nous resterait beaucoup à dire ; mais, en des matières si graves, nous réussirions difficilement peut-être à donner à notre pensée la mesure convenable : les obligations de l'historien finissent où commencent les devoirs des magistratures publiques.

M. le Maire vient de décider que les seuls incendiés du quartier des Arènes auraient droit à la répartition des secours : cette décision, pleine de sagesse, a obtenu l'assentiment de tous.

## XIV.

Il resterait, pour compléter cette notice, à donner l'historique des souscriptions : nous avions d'abord songé à ce travail ; mais, pour l'exécuter, il aurait fallu des documents qui nous ont manqué. C'est à la commission seule des secours qu'il appartient de réunir, de coordonner et de publier les pièces. Mieux que notre obscur travail, cette publication, qui se fera sans doute, car elle est une des nécessités de la reconnaissance générale, répondra à de légitimes curiosités, et donnera d'ailleurs satisfaction à des sentiments dont il n'appartient qu'à l'autorité de se rendre l'interprète.

On a dit que le montant des souscriptions, joint aux primes et assurances, couvrirait les pertes. Cette opinion n'est vraie que dans une certaine mesure. Les familles les plus pauvres seront peut-être suffisamment indemnisées ; mais d'autres familles ne le seront qu'incomplètement, et le sinistre, quoique beaucoup atténué pas les dons et les primes, se liquidera cependant par des dommages considérables.

Ici se termine notre tâche. Avant de prendre congé du lecteur, nous répétons que, si nous nous étions trompé en des points de quelque importance, nous serions prêt à nous rectifier.

---

# NOTES

## ET

## PIÈCES JUSTIFICATIVES

Nous avons dit que l'Empereur, le jour
même où l'on éteignait le feu, se rendait
présent à Limoges par ses largesses. Il
convient de préciser les faits.

L'incendie a lieu le 15 août au soir, et
déjà le 16 août l'Empereur envoie un
premier secours de 15,000 fr. Sa Majesté
voudrait se rendre à Limoges ; elle en est

empêchée par l'arrivée du roi d'Espagne à Paris ; mais un aide de camp, colonel d'état-major, sera chargé de porter des secours, auxquels l'Impératrice et le Prince impérial s'associent chacun pour 10,000 fr. C'est le 17 août, trente-six heures après le commencement de l'incendie, que le comte Reille, chargé de cette noble mission, arrive à Limoges. Le jour même, à la mairie, entouré des autorités, cet officier supérieur distribue de la main à la main aux incendiés 20,000 fr., et il repart le soir, escorté jusqu'à la gare, par les autorités civiles et militaires.

Le bruit a couru que les dons apportés s'élevaient à 40,000 fr. Nous ignorons si, dans ce chiffre, doivent être compris les 15,000 fr. annoncés le 16 août. C'est à la commission des secours de compléter le renseignement.

Une note insérée dans *le Moniteur* du 19 août annonce que le roi d'Espagne vient de remettre à M. le ministre de l'Intérieur pour les incendiés 5,000 fr.

Le prince Jérôme-Napoléon, qui voyageait en Écosse au moment du désastre, a envoyé, à son retour, en son nom et au nom de la princesse Clotilde, sous la date du 25 août, 2,000 fr.

—

M. le comte de Chambord a daigné souscrire pour 2,000 fr.

Au moment de mettre sous presse nous apprenons que Mgr l'archevêque de Paris envoie à Monseigneur de Limoges une somme de 30,000 fr., produite par les quêtes diocésaines.

—

Son Exc. Mgr Chigi, nonce à Paris, a écrit à Monseigneur de Limoges la lettre suivante :

Paris, 31 août 1864.

Monseigneur,

Le Saint-Père ayant appris avec douleur le vaste incendie de Limoges, ainsi que la détresse de tant de malheureux qui en furent frappés, son cœur paternel a été ému de si grandes souffrances, et il désirerait ardemment pouvoir les soulager. Quoique la détresse du trésor pontifical soit un obstacle à sa générosité, néanmoins Sa Sainteté m'a chargé de faire parvenir à Votre Grandeur un faible secours de cinq mille francs pour être distribué parmi les malheureux incendiés de la manière que vous croirez la plus utile.

Je m'empresse, Monseigneur, de vous transmettre sous ce pli ladite somme de cinq mille francs.

Après m'être ainsi acquitté des ordres reçus du Saint-Père, je vous prie d'agréer l'assurance de mes sentiments respectueux,

† FLAVIO,

Archevêque de Myre, Nonce apostolique.

On nous demandera probablement quel rang Monseigneur de Limoges occupe sur les listes de souscriptions de Limoges. Après le bruit qui s'est fait autour de notre évêque, la question sans doute est toute naturelle. Obligé de la résoudre, nous disons : Monseigneur, dès le premier jour, s'est inscrit pour *mille francs*, et à Limoges la souscription épiscopale n'a été primée par aucune autre.

Les lettres qui accompagnent les dons sont en général modestes et pleines de bonté. Celles que nous reproduisons permettront de juger des autres : elles sont adressées à M. le maire de Limoges.

Brest, le 20 août 1864.

Monsieur le Maire,

Bien que ma profession m'oblige de résider loin des lieux où je suis né, je n'en conserve pas moins pour eux un souvenir constant, et dont la force augmente aux jours de malheur. Je vous prie, en conséquence, d'agréer les deux cents francs ci-joints, comme le tribut d'un vieux Limousin pour ses compatriotes incendiés.

Veuillez agréer, etc.

*Le vice-amiral sénateur,*
Baron J. GRIVEL.

Lyon, le 24 août 1864.

Monsieur le Maire,

Il y a quelques mois à peine, mon régiment et moi nous étions les heureux habitants de votre bonne et hospitalière cité ; nous en avons emporté de trop sympathiques et trop durables souvenirs pour rester insensibles et indifférents devant l'épouvantable désastre qui plonge dans le deuil et la misère un si grand nombre de ses habitants.

A la nouvelle de cette lamentable catastrophe, nous nous sommes sentis émus jusqu'au fond du cœur, et tous, officiers, sous-officiers et soldats, puisqu'il ne nous a pas été donné de vous secourir de nos bras et de notre dévoûment à l'heure du péril, nous avons voulu du moins joindre notre modeste offrande à celles qui vous arrivent de tous les coins de la France.

Je vous envoie pour les victimes de l'incendie la somme de 588 fr. 37 c., montant des souscriptions spontanées de tous les militaires du régiment. C'est l'obole du soldat; c'est le témoignage des sympathies d'un régiment qui n'oubliera jamais l'accueil et les bons procédés dont il a été, pendant dix-huit mois, l'objet de la part de la bonne ville de Limoges.

Veuillez agréer, etc.

*Le colonel du 78ᵉ de ligne,*

BARRY.

Lille, 18 août 1864.

Monsieur le Maire,

La Société impériale des Orphéonistes lillois, profondément émue du désastre qui vient de frapper la ville de Limoges, vient de prendre l'initiative d'une souscription qu'elle organise en ce moment au bénéfice des incendiés de votre commune. Elle se réserve encore la faculté de monter un concert, déjà annoncé dans les journaux de la localité. Nous voulons ainsi vous prouver une fois de plus toute notre sympathie pour la ville qui nous a si bien accueillis, et dont nous avons reçu une si gracieuse hospitalité.

Agréez, etc.

LAVAINNE,

**Président de la Société impériale des Orphéonistes lillois.**

—

Aujourd'hui 15 septembre, après un mois, malgré les immersions et malgré les pluies, le théâtre de l'incendie présente encore de vastes brasiers.

—

En souvenir de son père, préfet à Limoges sous la restauration, et dont le nom est encore vivant dans bien des mémoires, M. le comte de Castéja a envoyé 600 fr. Cette souscription est à la fois un acte de charité et un acte de piété filiale.

—

Beaucoup de journaux ont ouvert des

souscriptions dans leurs bureaux. Nous citerons :

A Paris :

*Le Moniteur*; — *la France*; — *l'Union*; — *le Temps*; — *l'Opinion nationale*; — *le Constitutionnel*; — *le Pays*; — *le Petit Journal*;

Dans les provinces :

*Le Courrier du Centre*, journal de Limoges; — *le Courrier de Marseille*; — *le Journal de Bordeaux*; — *le Bulletin de Périgueux*; — *l'Observateur de Ruffec*; — *le Conciliateur de la Corrèze*; — *le Journal d'Indre-et-Loire*.

Cette liste est probablement fort incomplète. Les journaux qui ont eu la charité d'ouvrir des souscriptions auront sans doute, si nous avons omis leur nom, la charité de nous pardonner une omission très-involontaire.

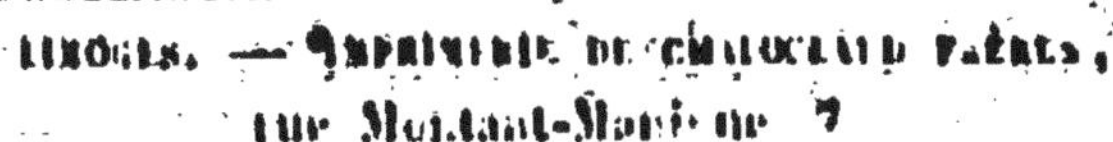

LIMOGES. — IMPRIMERIE DE CHAPOULAUD FRÈRES, rue Montant-Manigne 7

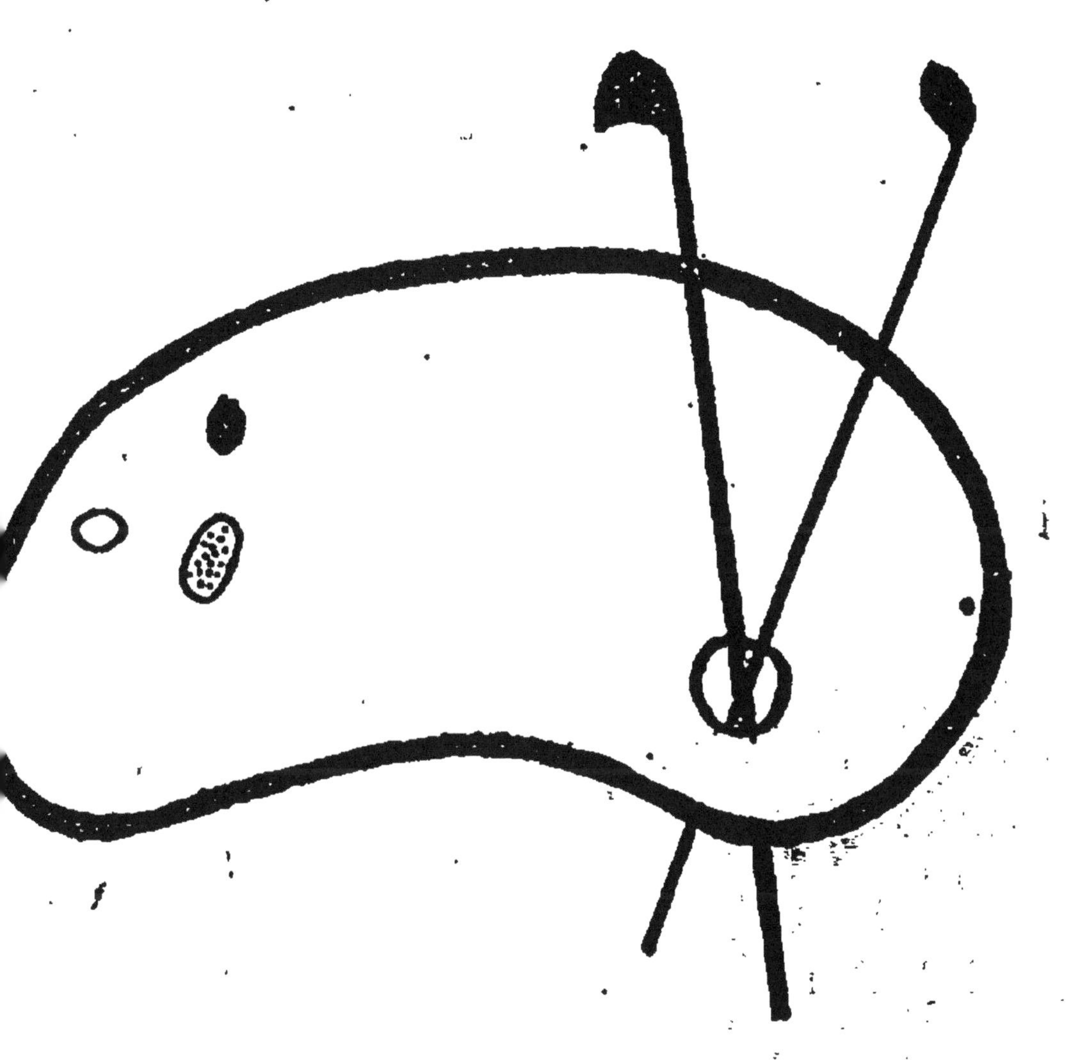

ORIGINAL EN COULEUR

NF Z 43-120-8